Joseph Kabuyaya Mututulo

Yves, Le Président.

Joseph Kabuyaya Mututulo

Yves, Le Président.

Odilie et Martha sur son chemin

Éditions Muse

Cover image: www.ingimage.com

Publisher:
Éditions Muse
is a trademark of
International Book Market Service Ltd., member of OmniScriptum Publishing Group
17 Meldrum Street, Beau Bassin 71504, Mauritius
Printed at: see last page
ISBN: 978-620-2-29697-7

YVES, LE PRESIDENT.

Introduction

Cette œuvre intitulée « Yves, le Président » est une série des épisodes dramatiques qui montrent l'importance de la justice équitable comme contribution locale nécessaire et possible dans le gestion des conflits dans une société déchirées par les anti valeurs et victime de l'impunités des auteurs des infractions quotidiennes. Il suffit d'une simple volonté et de la détermination des détenteurs de ce pouvoir, minime soit-il, pour porter haut l'étendard de la justice et libérer les cœurs et les âmes longtemps meurtris.

Yves est un personnage qui vient changer le cours de l'histoire de son village natal jusqu'à la nation toute entière. Jeune licencié en Droit, il a la chance d'obtenir son affectation de sa hiérarchie et d'intégrer l'équipe de la justice de sa municipalité natale caractérisée par la justice du plus fort depuis des longues années.

Courageux et déterminé d'en finir une fois pour toute, il gagnera petit à petit la confiance de toute la population grâce aux décisions justes à l'endroit des coupables pendant les audiences au tribunal, quel que soit son rang social. Son honnêteté et son intégrité lui attireront d'une part des difficultés par ses collègues longtemps corrompus et d'autre part la promotion progressive par sa hiérarchie de son village vers la ville jusqu'à devenir, dix ans plus tard, le président national de la cour sur recommandation du Président de la République grâce à la pression sans arrêt de la population de toutes les circonscriptions dans lesquelles il a travaillé.

Ce récit est inspiré de l'expérience vécue par un de mes oncles paternels qui a réussi à pénétrer les hautes sphères de la justice de notre pays grâce à son intégrité, son courage et sa détermination à servir les discriminées désespérés. La plupart du contenu des épisodes est une des expériences vécues de cet oncles, donc des histoires proches de la vérité. Certains événements heurteront probablement la sensibilité des âmes faibles, malheureusement des tristes réalités vécues quotidiennement dans certains coins de mon pays mais longtemps ignorées par des quelques autorités corrompues.

Chaque bouquet contient seulement deux épisodes de cette série d'événements.

Celui-ci reprend les deux premiers épisodes de cette œuvre dont les intitules sont « *Odilie, la victime à l'école* » et « *L 'Ambassade de Martha* ».

Ces épisodes ont déjà été jouées plusieurs fois par différentes troupes théâtrales des collégiens de la région.

Yves, Le Président

Succincte histoire

Episode I :

Odilie, la victime à l'école

Odilie est une petite fille intelligente âgée de douze ans, issue d'une famille pauvre et orpheline de père depuis trois ans. Sa veuve mère, qui garde sa dignité et sa foi en Dieu, est une simple cultivatrice grâce à laquelle elle gagne son pain quotidien et élève difficilement son unique petite fille.

Un jour, cette dernière a été renvoyée de l'école pour avoir triché en classe. Sa mère Florence veut en vain obtenir justice. Impossible d'atteindre le directeur de l'école. Elle se resigne et laisse la nature s'occuper de cette question en attendant de réunir assez de moyen financier pour l'inscription de sa fille l'année prochaine. Heureusement pour elle, le directeur porte plainte à la justice contre sa maitresse Clémence.

L'audience est présidée pour la première fois par Yves, Le Président. Une opportunité d'or pour Florence de plaider la cause de sa fille.

Vive la justice équitable !

Episode II :

Martha, dans son « Ambassade »

Martha est une vendeuse des boissons alcoolisée et viande grillée dans les voisinages du complexe scolaire Mukuka. Sa petite entreprise s'appelle « Ambassade ». Elle a battu son record dans le milieu depuis plus de cinq ans. Un jour, elle est surprise de constater l'incendie de son Ambassade en pleine journée sans aucun moyen de l'éteindre jusqu'à anéantir toute son entreprise. Elle soupçonne les élèves de l'école voisine qui en ont profité pour chanter des chansons vengeance contre elle vus tous les préjudices causés par la présence de cette « Ambassade » dans le quartier. Cet incident se produit le lendemain de l'incarcération du célèbre directeur Pendo.

Très en colère et sure de son influence face aux autorités locales, elle décide de porter plainte contre ce complexe scolaire le jour suivant. Son procès est fixé trois jours plus tard. Elle se présente a l'audience avec son avocat redouté, connu sous le sobriquet de Peter Ohé. Il perd rarement ses procès quel qu'en soit l'enjeu ou l'adversaire.

Malheureusement, Martha croise Yves, Le Président sur son chemin.
Quelle humiliation ?

Vive la justice !

Episode I. Odilie, la victime a l'école

Personnages :

1. Odilie : la petite victime

2. Florence : la mère de Odilie

3. Clémence : l'enseignante de Odilie

4. Théophile : membre du comité des parents de l'école

5. Justin : le directeur de l'école

6. Yves, le président de la cour

7. Albertine : la nouvelle enseignante de Odilie

8. Happy : la collègue de classe de Odilie

9. Nancy : la journaliste

10. Jeannot : ancien des enseignants

11. Me Richard : avocat de Justin

12. Tonton Papy : le mari d'Albertine

13. Un brigadier

Scène 1 : Journal info :

Nancy :

Bonjour chers téléspectateurs de la Radiotélévision « Raha Yetu». Je suis Nancy, a la présentation et DJ Le meilleur derrière les manettes techniques.

Le journal de ce matin se focalise sur le procès du directeur Justin Pendo contre Clémence SOKI, enseignante de l'école primaire Mukuka qui aura lieu au tribunal des grandes instances. Nous avons reçu le directeur de l'école qui va s'exprimer lui-même.

Justin :

Avec l'air sûr de lui-même et assuré de sa victoire:

Bonjour à tous et à toutes. Je suis Justin Pendo, le directeur de l'école primaire Mukuka.

Je vous invite à venir prendre part à cette audience publique à l'issue de laquelle la vérité sera révélée et le fautif n'échappera pas, je vous assure, aux sanctions prévues par la loi. Nous devons défendre et protéger la réputation de notre chère école et non la saboter. Jusqu'ici, nous sommes toujours en tête de la liste des écoles du milieu du point de vue performance, discipline et rigueur.

Aussi déterminés que nous sommes, il nous revient de servir d'exemple dans le bon et viser toujours l'excellence partout et pour toujours. La dignité, l'intégrité et l'unité ; voila la richesse que nos enfants doivent hériter de leurs parents et éducateurs que nous sommes. Alors, laissons la justice bien faire son travail, sans complaisance ni partialité, comme nous faisons le nôtre.

Nous comptons sur chacun de vous pour rehausser de sa présence a l'audience d'aujourd'hui. Venez nombreux et ne ratez surtout pas.

Alors, bienvenue à tous. Merci.

Nancy :

Les autorités municipales invitent tout le personnel de cette école, le comité des parents ainsi que tout celui qui se sent intéressé à venir prendre part à partir de 9h00. C'est le tout premier procès du nouveau président de la cour.
Moi c'est Nancy et derrière les manettes technique, notre DJ Le meilleur. Merci a vous tous pour nous avoir prêtée oreille et d'ici là, portez-vous bien. A plus.

Fin du journal.

Scène 2 :

Le procès

Brigadier :

Annonce l'entrée du Président de la cour.

Madame et Monsieur, prière de vous lever pour accueillir le Président de la cour.
Toute l'assemblée se lève à l'entrée du président de la cours et trois membres du Jury. Et chacun prend place. Le brigadier entonne l'hymne (c'est facultatif, pas obligatoire).

Le président :

Prie à haute voix :
« Merci Seigneur pour tout, assiste-moi pendant ce procès. Revêt moi de ta sagesse et ton discernement afin que je prononce un jugement juste. Soit présent dans la salle d'audience du début à la fin, au nom de Jésus, Amen».
Tout le monde s'assoie.

Le Président :

Bonjour à tous et bienvenue dans ce procès. Je rappelle la règle générale : personne ne prend la parole sans ma permission et pas d'insultes ici.

J'ai ici devant moi la plainte de Monsieur Justin Pendo, habitant au quartier de la Bourgeoisie, dans cette cité. Il est directeur titulaire de l'école primaire Mukuka depuis huit ans. Il est marié, père de deux enfants. Il a porté plainte contre madame Clémence, enseignante de son école, pour diffamation et faux témoignages à sa personne. Il ajoute que cette attitude a engendré une insubordination sans pareil depuis un certain temps. Il veut que justice soit faite.

J'appelle le plaignant Justin et l'accusé Clémence à la barre. *Justin avance avec son avocat. Clémence avance seule.*

Justin, prière de déposer ta main droite sur la bible et répète après moi *:* « Je jure devant Dieu et le peuple de dire la vérité, toute la vérité et rien que la vérité. »

Clémence, prière de déposer ta main droite sur la bible et répète après moi *:* « Je jure devant Dieu et le peuple de dire la vérité, toute la vérité et rien que la vérité. »

Le président :

Madame Clémence, tu n'as pas d'avocat ?

Clémence :

Monsieur le président, ce n'est pas nécessaire. Seuls les faits me défendront. Dieu est à mes côtés.

Le président :

Tu es libre. Tu plaides coupable ou non coupable ?

Clémence :

Non coupable.

Président :

Madame Clémence, sache que tous les mots que tu vas prononcer ici pourront être utilisés contre toi. Les membres du jury ici présents t'écoutent scrupuleusement.

Clémence :

J'en suis consciente, monsieur le président.

Le président :

Madame Clémence, à toi la parole.

Clémence

Bonjour à tous. Je m'appelle Madame SAFI Clémence, résidente au quartier de la Bourgeoisie, dans cette ville. Je suis enseignante à l'école primaire Mukuka depuis sept ans. Je suis sincèrement surprise de voir mon directeur, que j'estime autant, venir porter plainte contre moi ici dans ce tribunal alors qu'il est conscient de ce qu'il a fait. Je ne comprends pas vraiment à quel jeu il joue. La tête dure, on la casse. Je te jure que tu vas regretter ce geste toute ta vie.

Le président :

Peux-tu aller tout droit au fait, madame.

Clémence :

Oui, monsieur le Président.

Il m'accuse de diffamation de sa personnalité. Mais, ne dit pas exactement de quoi il s'agit. Il cache quelque chose. Je reconnais que je lui ai reproché de prendre des décisions hâtives avant de réfléchir sur ses effets. C'était dans la dernière réunion pédagogique de notre école. J'ai cité l'exemple de cette petite Odilie, la petite élève qui a été renvoyée définitivement de l'école seulement pour avoir trichée en classe la première fois, il y a trois semaines. Il m'a dit au couloir après cette réunion que je vais le regretter.

Ce dossier me hante le cœur sérieusement. Je ne sais pas pourquoi. Je ne suis pas du tout tranquille. Elle est mon élève, je la connais bien. Tout ce qui lui est reproché n'est que prétexte, je suis sûre de ce que je dis. Je n'ai pas de preuve présentement, mais je sais qu'au sortir de cette salle, tout le monde me donnera raison.

Deux éléments, monsieur le président, me tiquent.

Premièrement, comment une élève qui triche pendant une interrogation, un contrôle est directement renvoyée sans aucune consultation. Le règlement reprend qu'il doit bénéficier d'un avertissement en présence de ses parents et exclus pour une semaine de l'école. N'est-ce pas le fruit d'une vengeance quelque part ?

Deuxièmement, pourquoi préfère-t-il venir porter plainte contre moi ici au tribunal avec un avocat derrière lui, alors que nous disposons d'autres instances intermédiaires : notre syndicat des enseignants, le comité de gestion, justice et paix de notre paroisse catholique et j'en passe. C'est pour chercher à me ridiculiser ou me renvoyer aussi… Encore une fois, de la vengeance.

Je me pose plusieurs questions à ce sujet. Quand j'ai reçu votre invitation, j'ai glorifié Dieu car la vérité va sortir au grand jour. On saura entre moi et lui qui a réellement tort et les parts de responsabilité seront bien établies. Je sais que

Madame Florence, la mère de cette Odilie est une veuve qui prie Dieu. Si ses prières sont sincères, comme Dieu attend le cri des veuves et des orphelins, le Très haut interviendra, sans aucun doute. Que celui qui a à dire, le dise tout haut ici même. J'ai peur que ce soit un effet de colère du directeur contre Florence ou moi-même mais qu'il déverse sur la petite.

En fait, je suis célibataire jusqu'aujourd'hui. Alors de temps à temps, le directeur passait nuit chez moi depuis plus de deux ans sans rien payer me menaçant de me renvoyer du travail. Je supportais malgré les rumeurs du quartier. Un dimanche, après l'homélie du prêtre à l'église il y a trois semaines, je me suis rendu compte que je devais revoir mon comportement. Ainsi, j'ai décidé de rompre promptement notre relation avec lui et de le lui dire clairement. Celui-ci ne l'a pas bien digéré évidemment. Il m'a assimilé aux autres tels que madame Florence. Je n'ai pas du tout compris. C'est tout monsieur le Président.

Président

Merci madame Clémence. Ici, c'est plus les faits et non les convictions personnelles.

Richard, l'avocat du directeur lève la main. Le président lui accorde la parole.
Vas-y, Maitre Richard

Me Richard :

Merci Monsieur le président. Je crois que nous n'allons pas passer par quatre chemins. Tout est claire. *Il pose la question à Clémence.* Madame, Odilie a triché oui ou non.

Clémence :

Oui.

Me Richard :

S'est-elle méconduite un jour ?

Clémence :

De quel genre de méconduite fais-tu allusion exactement ?

Me Richard :

C'est à toi de me le préciser car tu passes tout le temps avec elle. Tu devrais savoir justement tout d'elle.

Clémence :

Je connais Odilie. Elle est très intelligente et concurrente de Happy, la nièce du directeur. A part la tricherie, je ne sais pas quelle autre faute de méconduite elle a faite jusqu'à mériter le renvoi définitif sans préavis. Ca ne lui ressemble pas du tout, en réalité. Je soupçonne un montage. Et d'ailleurs pour cette tricherie, je préfère que l'on pose la question à sa collègue Happy ici présente.

Me Richard :

Ces allégations sur leur vie sociale avec le directeur n'est qu'une diversion. Qu'ils se soient chamaillés entre eux, ça n'a rien à faire avec ce dossier de la petite Odilie. C'est leur vie privée. Elle n'a pas de contre argument. Elle cherche à attirer ton attention. Entre temps, nous perdons le temps avec ces bagatelles. Qu'elle nous montre plutôt les preuves des allégations faites par-ci et par-là. Nous ne sommes pas dupes pour avaler ces charabias. Tu mérites la prison. Ta bouche te rendra la vie difficile. Surveille ta langue, je te conseille madame. C'est tout, pour le moment, monsieur le président.

Le président :

Justin, qu'en dis-tu ?

Justin :

Mensonge, monsieur le président.

Le président :

Madame Clémence, rejoins ta place. Madame Florence est-elle ici dans la salle ? *Elle se lève.* Bienvenue à la barre.

Florence, prière de déposer ta main droite sur la bible et répète après moi : « Je jure devant Dieu et le peuple de dire la vérité, toute la vérité et rien que la vérité. » Tu as la parole, Madame.

Florence :

Bonjour à tous. Je m'appelle Madame Amani Florence, résidente a Katwa en ville de Butembo. Je suis veuve depuis trois ans et mère d'une fille unique : Odilie Hekima qui était élève à l'école primaire Mukuka. J'étais prête à déposer cette plainte moi-même contre le directeur de l'école ici au tribunal. Odilie le souhaitait ardemment. En plus, j'ai appris qu'il y avait désormais une nouvelle équipe à la tête de la justice de cette ville. Alors moi et ma fille espérions profiter de cette situation pour obtenir justice. Que Dieu nous vienne en aide !

Ce procès a lieu alors que je réunissais encore les fonds exigés pour déposer ma plainte. Heureusement que Dieu agit de sa façon, mes sous sont épargnés. Je suis devant vous, Monsieur le Président, pauvre veuve pour réclamer les vraies causes de l'échec de ma fille et que justice soit faite pour un renvoi immédiat alors que les causes avancées ne me semblent pas convaincantes. Je vois entraver la vie de ma fille et hypothéquer son avenir.

En fait, ma fille a été accusée de tricherie et de mauvaise conduite alors qu'elle était à deux doigts de passer son examen national de fin de cycle primaire pour espérer obtenir cette année son certificat d'étude primaire. J'ai un cœur brisé tellement que je peine à assurer ses études. Elle est mon seul espoir et ma seule raison des sacrifices que je supporte. Tous les membres de ma famille ont été victimes des massacres par les rebelles les années antérieures dans mon village, y compris son père qui y était en visite. C'est tout, monsieur le président. Attend mon cri.

Le président :

Florence, quels sont les éléments sur lesquels tu t'appuies pour douter des causes avancées de ce renvoi.

Florence :

Monsieur le président, en premier lieu, permets-moi de vous lire le corps de la lettre de révocation de ma fille, puis je pourrai vous la remettre et relever mes observations.

Ecole primaire Mukuka
IMMATRICULE SECOP 063547.
Mususa, Butembo, RD Congo

Butembo, le 25 avril 2019

Objet : **Exclusion définitive de Odilie**

A Madame Florence AMANI, parent de Patricia, ville A, ODO.

Madame,

Nous avons le regret de vous notifier du renvoi définitif de votre fille Odilie Hekima à partir de ce jour, comme élève régulière de notre école primaire Mukuka.

Votre fille est accusée de récidiviste en tricherie et mauvaise conduite envers les enseignants et ses collègues.

Nous vous prions de bien vouloir passer pour régulariser tous les frais auprès de nos services comptables dans les 48 heures afin de retirer tout son dossier scolaire.
Cordialement

Le directeur de l'école,
Justin PENDO.

Me Richard :
Parle sans demander la parole.
Mais, tout est clair, monsieur le président.

Le président :
S'il te plait Maitre, de la discipline. Florence, continue.

Florence :
Remet la lettre au président. Monsieur le président, voici ma lecture de la lettre :

1. Forme et procédures

Je n'ai pas beaucoup d'expériences dans l'administration scolaire mais suis quand même intellectuelle, diplômée d'Etat. Avec cette petite connaissance, j'ai dégagé ce qui suit :

- Lettre sans numéro de références à l'entête
- Lettre sans copies réservées ni à la hiérarchie ni au comité de parents,...
- Lettre signée sans interpellation face à face pour que je comprenne ce qui s'est passé.
- Les procédures administratives n'ont pas été respectées, me semble-t-il selon le règlement intérieur. Je reconnais avoir reçu un avertissement pour une tentative de tricherie l'année passée quand ma fille était en cinquième année. Mais, toutes les autres années, jamais pour une mauvaise conduite ni envers ses collègues moins encore envers ses enseignants.

2. Contenu

- Les causes devraient être listées dans la lettre avec des dates et références précises : nombre de tricheries et cas concrets, nombres de fois de mauvaise conduite et en énumérer certains pour mémoire, ...
- Ces causes prêtent à confusion : on tient compte de sa mauvaise conduite et ces tricheries depuis quand ? Combien de fois a-t-elle triché cette année ?

Voilà pourquoi je veux des explications.

En plus, cela fait déjà deux semaines que je tente en vain d'obtenir le rendez-vous avec le directeur.

Me Richard :

Oh, brillante analyse, madame Florence. Tu devrais faire les facultés de droit et devenir un bon défenseur judiciaire... Mais, tu confonds madame.

Premièrement, la sanction d'une faute lourde ne suit plus toutes ces étapes.

Deuxièmement, le directeur seul a le pouvoir d'inscrire et de renvoyer un élève. Tu le sais bien.

Troisièmement, le directeur a le devoir de corriger l'élève d'une faute flagrante prouvée. Ton analyse tiendrai debout pour un débutant.

Je te conseillerai d'accepter sportivement cet échec et de réfléchir rapidement comment réinscrire ta fille dans une autre école avant qu'il ne soit trop tard. Sois réaliste et remets tes deux pieds sur terre.

Florence :
La vérité est têtue, l'histoire reprend les faits vécus. Rira mieux qui rira le dernier cher Maitre. Vous ne pouvez pas imaginer la douleur des tortures morales que j'endure… J'espère qu'un jour vous me comprendrez parce que vous êtes aussi un parent. Il ne restera pas éternellement en silence à mes cris de détresse que je lui adresse quotidiennement. Mon Dieu est vivant, Il interviendra tôt ou tard.

Président :
Justin, tu peux regagner ta place. Clémence, reviens ici et que dis-tu face à toutes ces allégations ?

Clémence :
Je suis d'accord avec Florence que le contenu de la lettre est squelettique. Son analyse vaut son pesant d'or. Mais, cela ne signifie pas pour autant que tout est faux. C'est moi qui reste avec l'élève depuis deux ans. Celle-ci serait la troisième année, mais depuis la fin du deuxième trimestre, j'ai été permutée au degré moyen avec ma collègue Albertine de la troisième année. Ce fait s'est produit pendant que je n'étais plus titulaire cette classe. Je n'ai pas vraiment beaucoup de chose à dire là-dessus.

Florence :

… pourtant, le jour de renvoie de la fille, c'est toi qui les as occupés. Comment expliquer cela ?

Clémence :

Ce jour-là, Albertine était empêchée. Alors le directeur a préféré que je les occupe occasionnellement comme tous les élèves me sont familiers. Je ne connais rien de questions administratives. Je préfère que le président s'adresse directement au directeur titulaire pour plus d'information.

Le président :

Ok, merci Clémence. Est-ce que madame Albertine est là ? Peut-elle venir à la barre.

Albertine :

Bonjour à tous. Je suis Albertine KASOKI, enseignante de Odilie depuis trente jours seulement. Madame Florence, je suis désolée de t'informer que cette Odilie, dans sa puberté, couche avec mon mari depuis plusieurs jours. J'avais déjà eu l'écho qu'il fréquentait sa mère et sa fille mais je ne les avais jamais rencontré, toutes les deux. L'éducation n'est pas facile.

Le président :

Comment s'appelle ton mari ?

Albertine :

Tonton Papy.

Le Président :

Que fait-il. Bref, parle-nous de lui, de son travail, de votre relation avec lui.

Albertine :

Tonton Papy est un commerçant, vendeur des ballons friperies en ville. Il fait beaucoup de voyages à l'étranger. Il m'aime et je le sais bien. Je l'aime aussi. Il se démène tant bien que mal pour subvenir à tous les besoins de notre foyer. Il est responsable.

Le président :

Albertine, tu sembles sûre de tes allégations. Peux-tu nous donner un cas où tu as surpris ton mari avec l'une d'elles ?

Albertine :

Il y a quatre semaines environs que j'ai surpris mon mari dans mon salon le soir avec Odilie cote à cote quand je revenais de l'école. Quand je suis entrée, Tonton Papy a directement décidé de sortir de la maison avec cette fille. Il est rentré tard la nuit. Et jusqu'aujourd'hui, silence radio dans la maison entre nous. J'ai décidé d'en parler au directeur de l'école qui avait grondé la petite Odilie et l'a autorisé à rentrer suivre les cours en classe.

Florence :

Puis-je parler Monsieur le Président ? *Le président accepte en haussant la tête.* Je connais Tonton Papy. Il a grandi dans mon quartier avant qu'il ne se marie. Il était voisin. Son grand frère était ami à mon mari. Tonton Papy arrive parfois à la maison pour nous saluer et par moment déposer des courriers nous envoyés par son grand frère même après la mort de mon défunt mari. Ils avaient ouvert une affaire tous deux dont il tient la direction aujourd'hui après la mort de mon mari. Je crois qu'Albertine ne le sait pas.

Revenant à son cas de suspicion, je me rappelle de ce jour-là où son mari m'a appelé l'après-midi qu'il fallait passer chez lui le soir vers 17h30 récupérer un courrier de son grand frère car il était trop pris pour venir le déposer lui-même à la maison. Je lui promis d'envoyer ma fille Odilie chez lui. Il m'a fait son adresse. Odile est partie et est rentrée pleine de joie. Elle me racontait qu'elle aurait eu l'occasion de recevoir un câlin de Tonton Papy.

Quand on est veuve, on est exposé à beaucoup de suspicions. Je ne t'en veux pas, Madame Albertine. Franchement, je profite de cette occasion pour t'avouer qu'il n'y a rien de louche entre moi et lui. Simple relation de voisinage et point focal de son grand frère pour nous. Sois tranquille.

Odilie :

Franchement, je considère Tonton Papy comme mon père. Ce jour-là, je suis arrivée chez lui très inquiète car je m'étais déjà fait renvoyer de l'école depuis 4 jours et maman n'avais pas de moyens pour payer mes frais scolaires. Je ne savais pas exactement quel genre de courrier je venais retirer. Alors, assise dans son salon, Tonton Papy m'a vu à son arrivée que j'étais dans un mauvais état. Il m'a salué et il est directement entré dans sa chambre. Il m'a amené cette lettre et a essayé de me remonter le moral. Quand je me levais pour retourner, il m'a même fait un câlin car il me disait que, pubertaire que je suis, j'ai besoin d'une spéciale affection paternelle. Il avait pitié de moi. Sincèrement, je me suis bien senti après ce câlin. Ce fut pour moi la première fois que je sentais l'équilibre sentimentale et affectif en moi. D'ailleurs, j'en profite pour que Madame Albertine lui transmette mes remerciements. Maman me défend de fréquenter des amis. Elle est ma seule amie à qui je me confie.

Madame Albertine, pardonne-moi si ce geste si salvatrice pour moi a perturbé ton foyer. Pardonne-moi, sincèrement.

Le président :

Merci Odilie. Madame Albertine, comment un simple geste t'a déboussolé jusqu'à ce point ? Revenons à notre sujet. Monsieur le directeur, vient à la barre. Monsieur, parle clairement de ta réelle motivation à signer une lettre de renvoi de Odilie.

Justin :

On se connait bien avec Madame Florence, en tant que parent de mon élève Odilie. L'école est régie par un règlement intérieur appliqué à la rigueur. Voilà le nœud du problème. Concernant cette lettre, les faits y sont clairement décrits. Je ne sais pas quelle autre précision convaincrait le parent des erreurs et de la méconduite de sa fille.

Le Président :

Raconte-nous en bref, le cas de tricherie de cette Odilie puis le cas de méconduite tel que reprend votre règlement intérieur.

Justin :

Il y a deux semaines environs que cette Odilie a été attrapée en flagrant délit de tricherie en classe pendant l'interrogation des mathématiques avec sa collègue Happy Mali, ma nièce. J'ai été alerté par l'enseignante et j'ai pris les mesures exemplaires.

Le président :

Tu as ainsi renvoyé toutes les deux, je suppose ?

Justin :

Odilie seule… *un petit silence.* Monsieur le Président, les cas diffèrent. Le cahier ouvert appartenait à Odilie et était placé sur le banc entre elle et sa collègue. Happy a été tentée par Odilie. Voilà pourquoi Happy a eu zéro à cette interrogation et a eu une punition de rejoindre ceux qui étaient destinés à balayer la classe ce jour-là.

Le Président :

Que dit le règlement ? *Silence.* Etait-il la première fois que cela se produit pour Odilie dans cette classe ou il y a d'autres cas similaires au paravent ?

Justin :

Cette précision est à demander à ses enseignantes successives.
Avec un ton orgueilleux.
Votre honneur, il y a des cas de flagrance pour lesquels il faut marteler très fort. Ainsi, cela sert de leçon pour les autres. Ca fait mal, je sais. Mais, la loi c'est la loi. Depuis lors, aucun autre cas de tricherie n'a été signalé dans tout l'établissement. Nous devons nous en féliciter. L'école primaire Mukuka n'est pas n'importe quel établissement ou chacun a le droit de faire ce qui lui semble bon a temps et a contre temps. Nous devons préserver l'image et l'esprit de l'excellence dans tous les points de vue. Mes collègues enseignants en sont témoins. Autant pour le comite des parents de cette école. J'en suis fier moi. La dignité et l'intégrité, c'est notre richesse que nous devons léguer a nos enfants. Et non de la fantaisie ni de la complaisance. Ils sont les citoyens de demain. Si nos parents n'avaient pas fait de même, qui serions-nous aujourd'hui. Que sera la nation toute entière, si pas une bande des cons. Je suis désolé, votre honneur mais c'est de la pure vérité.

Le président :

Est-ce bien toi qui as signé cette lettre ?

Justin :

Affirmatif, votre honneur.

Le président :

Es-tu sûr qu'il n'y a pas d'autres raisons qui ont concouru à la prise d'une telle décision, comme le prétend Clémence ?

Justin :

Non. Il n'y a rien, monsieur le Président. Seulement, permettez que je souligne ici que ma rigueur m'attire parfois des ennuis et quelques ennemis. De fois, ce sont des gens qui interprète à tort et à travers mes décisions ou ma prise de position sur certains cas délicats à trancher. D'autres encore envient mon poste oubliant que c'est une lourde responsabilité sur ma tête de plus de mille personnes à gérer au quotidien.

Le président :

Monsieur le directeur, peux-tu nous expliquer les procédures à suivre pour prendre de telles décisions selon votre règlement intérieur ?

Justin :

Selon notre règlement, la procédure est la suivante

Première fois : blâme et avertissement

Deuxième erreur : blâme et avertissement en présence des parents

Troisième fois : renvoi sans préavis

S'il s'agit d'une faute lourde, alors c'est le renvoi immédiat sans préavis. Pas besoin de consulter les parents de la concernée. Et c'est le cas d'espèce.

Florence :

Puis-je parler ?

Le Président :

Permission accordée.

Florence :

Il y a quelque chose qui cloche. Mes prières ne seront pas vaines durant toutes ces années.

Odilie :

Oui Monsieur le Président. Permet moi d'ajouter quelque chose. *Le président accepte par la tête.* Depuis la première année primaire jusqu'à la troisième année, je réussissais et je recevais des cadeaux d'excellence chaque fin d'année. Mais depuis ma quatrième année, je ne comprends rien. Je réussis à peine. J'occupe l'avant dernière place de ceux qui ont réussi. Maman me gronde à mort, me punit innocemment. Pourtant je suis consciente que je travaille bien. Je n'ai jamais raté une seule interrogation ou un seul devoir en dehors des jours où j'ai été renvoyée à la maison faute des frais scolaires. Mes bulletins de quatrième et de cinquième sont pleins des rouges. Maman me dit que j'ai donc mal travaillé. Pourtant les points sur mes cahiers de devoirs ou papiers d'interrogation sont satisfaisants. Je ne suis pas un génie mais je sais que je ne suis pas un bougre pour autant.
Monsieur le président, je ne sais pas comment on trouve les points du bulletin. Peux-tu m'expliquer pour que ma mère me comprenne au moins. Je ne suis pas en paix à la maison, harcelée par maman.
Ensuite, puis-je inviter ma collègue avec qui je m'assois de venir témoigner et raconter en détail ce qui s'est réellement passé ?

Le président :

Oui, commençons par ta deuxième demande. Happy, peux-tu rejoindre la barre s'il te plait ?

Happy :

Bonjour à tous. Mon nom c'est Happy Mali Pendo. Je jure de dire la vérité, toute la vérité et rien que la vérité. Papa me dit toujours que la vérité libère.

La veille de l'interrogation, mon oncle, le directeur est venu me demander d'amener mon ami Odilie à tricher. Comme j'avais peur et je ne savais pas exactement de quoi il s'agissait, j'ai tenu à obéir à mon oncle. Il m'a convaincu que si Odilie triche, elle sera renvoyée et donc j'occuperai la première place à la fin de l'année et bénéficierai du prix du meilleur élève offert par l'école Mukuka. Au début de l'interrogation, j'ai pris le cahier de Odilie, je l'ai ouvert et j'ai commencé expressément à trembler pour que madame nous attrape à flagrant délit.

Odilie ne regardait même pas dans ce cahier. Elle m'a plusieurs fois supplié de le fermer mais je refusais. D'ailleurs, le cahier était de français conjugaison alors que nous passions l'interrogation des mathématiques. L'enseignante a été furieuse et a pris le cahier sans vérifier le contenu. Elle nous a renvoyé de la classe pour la direction. Le directeur, très fâché, s'est mis à renvoyer Odilie. Voilà ce que je sais.

Monsieur le Président, vous allez aussi me punir pour ça ? J'implore votre clémence. Merci.

Le président :

Quelle cruauté ? C'est sadique ce plan. Merci Happy. Ton témoignage nous aidera beaucoup. Regagne ta place et ne crains rien. Monsieur Justin, qu'en dis-tu ? *Silence*

Justin :

Elle ment. Juste une incompréhension. Quel responsable peut envoyer son enfant faire une telle bêtise ?

Le président :

Ok, je suis curieux de comprendre cet aspect de bulletin. Peux-tu nous l'expliquer Monsieur le Directeur ?

Justin :

Je préfère laisser la place à son enseignante lui-même. Clémence, l'honneur est à toi.

Clémence :

Je suis sûre à 100% que je complète correctement les points sur le bulletin.

Jeannot :

Lève la main dans le public pour demander la parole. Le président la lui accorde.

Le président :

Bienvenu à la barre, Monsieur et présente-toi.

Jeannot :

Merci Monsieur le Président. Je jure devant Dieu et le peuple de dire la vérité, toute la vérité et rien que la vérité.

Je suis Jeannot Le Bon, un des anciens enseignants de l'école primaire Mukuna. J'ai une petite révélation qui pourra peut-être apporter une lumière à ce dossier.

Même si on dit souvent que, toute vérité n'est pas bonne à dire, celle-ci vaut la peine pourvu que la petite Odilie soit sauvée. Je dirai que celle-ci est victime des antécédents de ses parents avec la société autour d'eux.

Le président :
Ça devient intéressant. Je t'écoute.

Jeannot :
Cette vérité risque de me couter mon poste. J'espère que Dieu interviendra à ma faveur. Je crois comprendre les raisons de production hâtive de cette lettre de renvoie de cette Odilie. En fait, disons clairement que madame Florence est belle et attire la sympathie de plusieurs hommes à son passage. En plus, naïve et gentille qu'elle est, elle accueille bien tous les visiteurs chez elle. Bien qu'elle vive la modestie après la mort de son mari, elle tient sérieusement, pour certains cas que je connais, à sa dignité et sa chrétienneté. Elle a horreur à salir sa réputation. Elle vit du commerce des produits de son champ.

Un jour, il y a environ deux ans, elle est venue à ma grande surprise, se confier à moi. Elle était embarrassée. Elle m'a demandé de garder secret. Ce que j'ai fait jusqu'aujourd'hui. Elle m'a parlé des avances que lui font des anciens amis de son mari. Ce qui l'inquiétait, c'est de voir ceux-là qu'elle croyait amis intimes à son mari, sont les premiers à vouloir lui sauter dessus. Son mari est mort alors qu'il venait d'épuiser son mandat de président du comité des parents de cette école. Un travail qu'il fut comme il se doit. Paix à son âme.

Parmi ces anciens amis, je note la présence du célèbre Justin Pendo, notre Directeur alors qu'il était déjà marié. Notons en passant que le défunt mari de Florence a beaucoup milité pour que Justin accède à ce poste de directeur de cette école. L'ironie du sort, Justin a vite oublié tout ça et voulait faire de

Florence sa maitresse, juste pour s'équilibrer pendant les moments difficiles dans son foyer. Ce directeur voulait profiter des difficultés de paiement des frais scolaires de sa fille à l'école. Après la mort de son mari, Florence a passé des moments de soudure, un déséquilibre financier sans pareil. Malheureusement, celle-ci n'a pas cédé aux avances de Justin. Ce qui a provoqué la colère du directeur. Rancunier qu'il est, il veut punir cette femme à travers sa fille : l'anéantir jusqu'à ce qu'elle finisse par s'agenouiller devant lui pour sauver son enfant. Malheureusement, toutes les occasions ont toujours foiré. Malgré les situations difficiles, Florence n'a jamais approché le directeur pour chercher à résoudre ses problèmes dans cet angle. Voilà ce que je connais. Si je mens, le directeur n'a qu'à me contredire. D'ailleurs je sais que je ne suis pas le seul à connaitre ce jeu. Tel que je le connais, il peut l'avoir révélé à une tierce personne après s'être soulé.

Madame Florence ne peut pas penser à ça surtout que les jours sont passés et que le directeur montre un semblant de gentillesse à son égard avec un sourire jaune.
Me Richard s'étonne.

Le président :
Merci Jeannot. Tu n'as pas une seule preuve qui peut nous convaincre de toutes ces allégations ?

Jeannot :
Aucun enregistrement. Ce sont des révélations dans les débits de boisson. Souvent le directeur ne sait même pas qu'il a tout raconté. *Un petit silence.*

Me Richard :

C'est du mensonge, monsieur le président. Vous croyez aux révélations des personnes ivres dans les débits de boisson…

Jeannot :

Cher Maitre, la vérité est têtue.

Monsieur le président, je vais rafraîchir la mémoire de madame Florence pour preuve.

Madame Florence, tu te rappelles du jour de l'anniversaire de ta fille en cinquième année. Comme d'habitude, l'école ou la classe organise juste une séance des chants à l'honneur de la personne concernée après les cours en présence si possible de ses parents. Comme tu étais empêchée, le directeur t'a demandé de venir la récupérer chez lui, le soir. Ce jour-là, sa femme était en voyage d'une semaine, rendre visite à sa famille au village. Malheureusement, tu n'es pas arrivée chez le directeur je ne sais pourquoi. Le directeur m'a fait appeler pour que je ramène Odilie avec une petite provision. Ce soir-là, je t'avais dit que tu es sage. Tu ne m'avais rien répondu. Tu devais tomber dans son panneau.

Florence :

Oui, je me rappelle. Et depuis ce jour-là, je sens une petite indifférence.

Le président :

Tu peux regagner ta place, Jeannot. Monsieur le directeur, qu'en dis-tu ?

Justin :

C'est la jalousie tout simplement, Monsieur le président. Je ne sais pas où il a tiré tous ces mensonges.

Théophile :

Lève la main et demande la parole. Le président la lui autorise et l'invite à la barre.

Bonjour toute l'assemblée. Je jure devant Dieu et le peuple de dire la vérité, toute la vérité et rien que la vérité.

Je suis Théophile, le secrétaire du comité des parents de l'école primaire Mukuka. Je viens de briguer deux mandats. Je connais bien ce qui se passe dans cette école. Je viens pour témoigner contre le directeur.

Me Richard s'étonne de plus, car surpris.

En fait, il y a un groupe d'enseignants qui ont emprunté le chemin du directeur sans le savoir, tellement que ce dernier a duré au pouvoir. Ils acceptent et exécutent aveuglement ses ordres parce qu'ils les a déjà hypnotisés. C'est le cas de l'enseignante Clémence. Elle n'est probablement pas consciente de ce qu'elle fait contre la fille Odilie. C'est pour punir sa mère Florence qui malheureusement ne se rend pas compte.

En fait, ce directeur a déjà tout essayé vainement d'enrôler madame Florence dans ses combines. Je donnerai trois cas les plus frappants et faciles à vérifier. Tenez bien tous.

Le premier cas : Justin ayant échoué son plan de récupérer Madame Florence dans ses filets le jour de l'anniversaire de sa fille, il a empoisonné la petite provision qu'il a envoyée via monsieur Jeannot chez Madame Florence. Dieu aidant, la petite Odilie est tombée malade quelques minutes après avoir été chez elle jusqu'à se faire interner la même nuit à l'hôpital du quartier. Madame Florence inquiète n'a même pas eu le temps de vérifier ce qui était dans le sac reçu jusqu'au soir du lendemain. Le troisième jour, il a été obligé de les verser dans la poubelle sans les avoir gouter avant de rejoindre sa fille à l'hôpital.

Rappelez-vous que le petit garçon Kizito, le fils du voisin de Florence, est mort pendant la journée d'une courte maladie le troisième jour après l'anniversaire de Odilie. D'ailleurs, Madame Florence avait été interpellé dans cette affaire. C'est cet enfant qui s'est précipité sur les morceaux de viande cette matinée dans la poubelle de Madame Florence et en a porté le chapeau. *Tout le monde pousse des cris d'étonnement... dans la salle.*

Le second cas : une fois ce coup raté, il n'a pas baissé sa main. Il est allé consulter un féticheur qui lui a donné un médicament qui lui servira à hypnotiser tout celui qui se mettra au travers de son chemin. Il l'a testé sur Clémence lors du remplissage des bulletins des enfants à la fin de l'année avant la proclamation. Voilà pourquoi les points de Odilie ont chuté à partir de sa quatrième année. D'ailleurs, il souhaitait qu'elle double la classe, mais compte tenu de l'intelligence de la petite, ceci n'a pas été possible. C'est la raison pour laquelle elle a permuté Clémence en cinquième puis en sixième année, ne lâcha pas d'une semelle la petite Odilie. Tout ça pour assurer l'exécution de son plan diabolique parce que Florence avait refusé de devenir sa maitresse. Il veut la défier. En sixième, il fallait monter une situation terrible pour l'écarter de la course scolaire. Malheureusement Clémence n'a pas été performante en sixième lors des dernières visites d'évaluation des inspecteurs. Raison pour laquelle elle a été remise en troisième en plein milieu de l'année. J'ai été étonné d'apprendre que Justin a porté plainte contre Clémence à la justice alors qu'il l'a suffisamment sucée. J'étais curieux de venir écouter de moi-même de quoi s'agissait-il au juste.

Le dernier cas : Tonton Papy était habitué à madame Florence. Alors Justin a profité de cette faiblesse de Florence. Il a proposé à Tonton Papy d'user de sa ruse pour engrosser dès le premier trimestre de cette année scolaire la petite Odilie. Ainsi, ses études s'arrêteraient là-bas. Malheureusement, Papy n'a

jamais su exécuter cette mission malgré les multiples occasions qui s'offraient à lui. C'est par la force divine. Tonton Papy ne sait pas qu'il était sous son emprise. Madame Florence l'accueille chez elle sans savoir le réel mobile de sa visite. Heureusement que toutes deux prient sincèrement. Je disais d'ailleurs plusieurs fois à Madame Florence de se méfier de Tonton Papy. Mais, elle ne se rendait pas compte de ce que je voulais lui chuchoter.
Cher Justin, je suis désolé, tu as exagéré. Et madame Florence, Dieu merci pour m'avoir donné l'occasion de le dire dans le grand public.
Monsieur le Président, voilà ce que j'avais à dire. Merci de m'avoir donné la parole.

Le président :
Monsieur le directeur, quelle est ta réplique ? Est-ce encore la jalousie ?
Le directeur reste bouche-bé.

Odilie :
Lève sa main et demande la parole.
S'il vous plait Monsieur le Président. *Le président la lui accorde.*
Merci Monsieur le Presidente.
Je me rappelle qu'un jour de retour de l'école je me suis croise avec le directeur, qui était ivre. J'ai eu peur de le saluer. Il s'est arrêté juste derrière moi et m'a rappeler. Il m'a grondé de ne l'avoir pas saluer. Je me suis excusée et lui ai promis de ne plus le répéter dans l'avenir. Une dame que je ne connais pas est venue le supplier de me laisser partir tellement qu'il criait sur moi. Il se mit en colère contre elle et lui cria dessus. Elle lui demanda pardon. Mais dans ses insanités envers cette dame, il a prononcé des mots que j'ai jusqu'ici difficile a oublier bien qu'il était complètement ivre.
Il a répété plus d'une fois à cette dernière : « de quoi je me mêle ? Sais-tu qui je suis ? as-tu conscience de ce que je suis capable de faire ? Tu n'as pas la

moindre idée de ce que j'ai déjà fait et de ce que je m'apprête a faire. Tu n'as ni pouvoir ni capacite de m'en empêcher. Aucun pouvoir, je te l'affirme. » La dame me prit dans ses bras pour me protéger contre lui. Ce qui augmenta davantage sa colère et dit sans le savoir : « cette fille est comme son pauvre père. Elle n'a aucune idée de ce qui lui est arrivé. Sa mère … sa mère … sa mère … bientôt … Il n'est pas difficile de vous éliminer pour rejoindre votre père. Et les prières de ta mère ne me feront rien sinon, ton père serait déjà ressuscité parmi les morts. Va le lui dire. Va vite et dit lui que rien m'empêchera, même pas vos prières ». Puis, il s'adressa a la dame : « Ne t'avises plus de fourrer ton nez dans les histoires qui ne te concernent pas. C'est ce que je ne cessais de dire à son pauvre père mais il ne m'a pas compris. J'espère que toi, au moins, tu as compris ». nous nous sommes séparés. Je ne connais la dame et je ne l'ai plus jamais vue. C'était mon ange gardien.
Arrivée à la maison, j'ai raconté toute la scène à ma mère. Elle n'a pas voulu me croire. Elle m'a fait comprendre que mon père est mort dans une guerre. C'est mieux de ne pas creuser davantage. Mais cette histoire ne cesse de revenir dans mon esprit. Je pense qu'il nous cache quelque chose.

Monsieur le président, pourriez vous lui demander plus d'information à ce sujet ? J'ai le pressentiment que mon père vit encore.

Me Richard :
Objection Monsieur le Président.

Président :
Objection retenue, Me Richard.
Ma fille Odilie, merci pour ces révélations. Je comprends tout à fait ce que vous ressentez depuis la disparition de votre père. Mais actuellement, il convient

d'éclaircir d'abord les éléments sur les charges sur Clémence. Patience. Laissez la nature s'en charger et continue a prier pour que son âme repose en paix.

Odilie :

En pleurant. Non, Monsieur le Président. Vous devriez le considérer. Vous commettez une erreur en omettant ce détail maintenant. Je regrette. Je trouve que vous êtes les mêmes. *Le Brigadier retire Odilie et la conduit vers sa mère pour la consoler.*

Le Président

Me Richard, à vous la parole.

Me Richard :

Monsieur le Président, j'ai un témoin. Permet qu'il vienne s'exprimer à la barre lui-même. Il va pulvériser par le revers de la main tous les mensonges colportés par ces contre-succès du directeur.

Président :

Ok, qu'il passe à la barre. J'espère qu'il nous fera avancer car le temps presse.

Tonton Papy :

Très souriant. Sans souci ni remord

Bonjour à tous. Merci Monsieur le président de me donner la parole. Avant tout, je jure devant Dieu et le peuple de dire la vérité, toute la vérité et rien que la vérité. Tout ce qui a été dit précédemment à mon sujet est vrai. Je suis désolé Justin. La vérité libère. J'ai longtemps sacrifié mon foyer.

Me Richard s'étonne alors que ce témoin était son dernier rempart.

La pauvre Odilie, dans sa naïveté, ne pouvait s'en rendre compte. On se connait bien avec Justin, le directeur. Nous partageons le verre ensemble régulièrement.

Et c'est là que nous échangeons beaucoup de choses. Une chose qui m'intriguait toujours, chaque fois que je pensais être au point de réaliser mon plan, il y avait toujours un obstacle indépendamment de la petite Odilie. Elle ne se rendait pas compte. Est-ce l'effet des prières de sa mère ? Pourtant, Odilie n'est pas la première. Je l'ai fait avec la petite Espérance l'année passée qui a été directement renvoyée de l'école car j'avais déjà suffisamment profité d'elle. Nous avions décidé de la lâcher en orchestrant une flagrance avec un vulgaire garçon de son quartier aux alentours de l'école pendant les heures de cours. Le directeur en avait marre avec sa mère comme membre du comité des parents de son école. Situations similaires pour Esther, Elise, Madeleine,... Bref, le deal c'est que le directeur me facilite l'accès aux petites filles dont il veut se débarrasser de leurs parents et moi je fais le travail. Comme récompense, mes marchandises sont déclarées au nom de l'école. D'où une exonération fiscale. C'était super.

Nul n'ignore que je fructifie l'argent de l'école. Ca fait rouler mon business depuis un moment. Nous partageons les bénéfices avec lui fifty-fifty. La chèvre broute là où elle est attachée. *Albertine est très étonnée.* Le directeur adjoint maitrise bien ce dossier. Je ne sais pas comment il fait ses rapports périodiques à la hiérarchie, moins encore comment il gère les multiples inspecteurs qui rôdent autour de lui instantanément. C'est avec lui que tout se gère sans aucun incident. Raison pour laquelle depuis bientôt trois ans, à la fête des enseignants qui a lieu une fois l'an, Tonton Papy que je suis, offre gratuitement au personnel scolaire un habillement décent. C'est par générosité. Quiconque chercher à fourrer son nez dans la gestion financière, en a pour son compte.

Le président :

Tu es sûr de toutes ces révélations ?

Tonton Papy :

C'est l'occasion de dire tout haut ce qui se dit tout bas. Il n'y a pas de secret ici sur terre. Les rumeurs courent partout et nous faisons semblant de faire fi. Mais, parfois, ça dérange et ça me ronge. Voilà, heureusement que grâce à cette école, je suis parvenu à me constituer mon propre capital suffisant pour mon autonomisation et construire au moins une maison en dur. Merci au célèbre directeur.

Le président :

Madame Florence, merci pour ton courage de chercher la lumière à ton problème. Alors Odilie, as-tu un mot à dire ?

Odilie :

Monsieur le Président, je comprends maintenant ce que mon père disait : « quand les éléphants se battent c'est l'herbe qui tombe victime ». Ah, la vie des hommes… Pauvre Odilie que je suis... Désormais, j'aurai la paix à la maison. Maman, tu as vu que j'étais innocente. Merci Seigneur, nos interminables prières n'ont pas été vaines. Je t'aime maman. Cependant, je regrette une chose : ma réputation. Suis une tricheuse et une pute à mon âge… c'est pitoyable.

Votre honneur, puis-je exiger au directeur, non seulement de demander pardon devant tout le monde ici présent, mais aussi de jurer ne plus refaire les mêmes bêtises dans l'avenir. Il doit payer pour ses actes. Il me dégoûte.

Président :

Monsieur Richard, comment as-tu accepté de venir défendre un dossier pareil sans avoir recueilli suffisamment d'information ? Je constate que tu es autant surpris que moi. Ce qui est dramatique. Tu es entrain d'enterrer ta carrière… Quel horreur ? Monsieur Justin, à toi l'honneur.

Justin :

Je suis désolé. Tout ce qui a été dit ici est vrai. Je suis déçu parce que je pensais que le président va accepter ma corruption et donc tomber dans mon panneau. Malgré mes efforts ça n'a pas été possible. J'étais emporté par mon orgueil, mon ego m'a trompé. Je vous demande pardon. J'espère que Monsieur le Président sera clément lorsqu'il prononcera son jugement. *En tremblant les lèvres et les larmes aux yeux.* Je demande pardon a tous. *En pleurant...* Je suis sincèrement désolé.

Le président :

Merci à tous. Nous avons suffisamment entendu. Nous prenons une pause de quinze minutes. Le temps pour nous de décider sur le sort de tout un chacun. Monsieur le brigadier, envoie Monsieur le directeur dans l'isolement pendant cette pause.

Le président et les membres du jury sortent de la salle.

Scène 3

Entretemps, le journaliste prend quelques interviews avec quatre participants.

Odilie :

Il me dégoûte, franchement. Je regrette tout ce que j'ai traversé tout simplement à cause de lui : les humiliations, les dédains, les moqueries, les tortures morales,... Que Dieu lui pardonne. J'espère que le Président ordonnera ma réinscription à l'école pour que je présente aussi l'examen national.

Albertine :

Je n'ai jamais vu un égoïste de mauvais gout comme celui-ci. Il a beaucoup fait. Il mérite la prison.

Florence :

Suis vraiment déçue par le comportement du directeur. Que les autres responsables prennent cela comme une bonne leçon afin qu'ils ne tombent pas dans ce piège. Mais, sincèrement, comme je connais déjà la vérité, je suis prête à lui pardonner. Peu importe la décision du Président, j'ai un Dieu qui répond à mes préoccupations à temps et de sa manière.

Clémence :

Il a abusé suffisamment de moi. Il en aura pour son compte. Il m'a accusée avec l'espoir que je serai écartée de son chemin. Tout le monde vivra finalement en paix. Il est tombé lui-même dans son propre piège. Il n'est pas diffèrent de Haman envers Mardochée, oncle de la reine Esther, au palais royal.

Scène 4

Le retour dans la salle du président et ses collègues

Brigadier :

Madame et Messieurs, prière de vous lever pour accueillir le président de la cour. *Tout le monde se lève puis s'assoie*

Le président :

Nous sommes richesses. Notre première richesse c'est la dignité et l'intégrité. Ainsi, nous sommes tous tenus à les préserver. Personne ne peut nous les arracher de quelle que façon que ce soit. Nous devons le perpétrer de génération à générations. Vous êtes tous d'accord avec moi.

Compte tenu des faits reportés, nous décidons ce qui suit :

1. Monsieur Justin

Vu les charges qui pèsent sur toi violant les articles

- 5 et 6 du règlement intérieur de l'école
- 3, 7 et 9 du code pénal

Nous décidons

- dix ans de prison ferme à partir de maintenant pour tuerie et sabotage de la vie des mineures et par conséquent soumis aux travaux forcés.
- Une amende de un million cinq cent mille francs à verser au compte de Madame Florence et sa fille Odilie
- Une amende de six cent mille francs à verser au compte de Mademoiselle Clémence pour l'avoir utilisée dans tes mauvaises pratiques afin d'arriver à ses fins
- Une amende de deux cent mille francs à verser au compte de Madame Albertine
- Suspendu de ses fonctions dès maintenant en attendant la lettre d'exclusion définitive. Tes autorités hiérarchiques seront saisis de ce jugement d'ici demain matin pour designer ton intérimaire.

2. Madame Clémence, tu es jugée non coupable.

3. Tonton Papy

Nous laissons le comité scolaire et les responsables hiérarchiques scolaires s'occuper de toi pour les fonds de l'école que tu fructifies illégalement avec la complicité du directeur adjoint. Mais, concernant ton infidélité, ton intention et tentative de violer la petite Odilie, tu payeras une amende de quatre cent mille francs et, en plus, tous les frais scolaires jusqu'à l'obtention de son diplôme d'étude primaire.

Pour tous les autres enfants que tu as violé et fait renvoyer de l'école, tu payeras une amende d'un million de francs à chacune des victimes et une peine de quinze ans de prison ferme. Le directeur par intérim te notifiera du montant total à payer.

La séance est levée. Je vous remercie tous de votre participation active.
Tout le monde sort de la salle.

Dernière scène

L'information à la télévision.

Journal info :

Nancy :
Bonsoir chers téléspectateurs de la Radiotélévision « Raha ». Le journal de ce soir se focalise sur le procès du directeur Justin Pendo contre sa maitresse Clémence de l'école primaire du complexe scolaire Mukuka qui a eu lieu au tribunal des grandes instances de 9h à 10h. Le directeur a été condamné à dix ans de prison ferme et l'enseignante Clémence a été acquittée. Le ministère public remercie tout le personnel de cette école, le comité des parents ainsi que tout celui qui a pris part à cette audience. La petite fille Odilie a été, sur le champ, remise dans son droit et promise d'être réinscrite à son école jusqu'à la fin de l'année scolaire. Dieu n'oublie pas les veuves et les orphelins. Ecoutons les quelques reportages recueillis juste après le procès.

Florence :
Je rends grâce à Dieu pour la justice faite à ma petite Odilie. Il ne dort pas. Il écoute les cris des opprimées. Ma famille reprend sa dignité. Gloire à Dieu.

Odilie :

Je suis content parce que je vais réintégrer l'école et participer au concours national de l'école primaire. J'espère un jour une fois grandie aider ma mère et avoir une bonne vie. Merci Seigneur.

Clémence :

Dieu est Grand. Il m'a sauvée de justesse des griffes du méchant. Merci. Ce cas servira de leçon à tout celui qui veut changer. Il faut avoir le courage de dire tout haut ce que les autres disent tout bas.

Tonton Papy :

Je regrette sincèrement ce que j'ai fait. J'espère que Dieu me le pardonnera un jour. Je demande pardon à madame Albertine et à tous les autres que j'ai offensé. Mes enfants, je suis sincèrement désolé.

Ainsi prend fin notre journal de ce soir et c'était Nancy à la présentation. Nouveau rendez-vous pour le journal du matin. Gardez-vous bien. A bientôt.

Fin épisode I

Episode II : <u>Martha, dans son « Ambassade »</u>

Personnages

1. Martha : la supposée victime
2. Emmanuel Babu : Directeur à l'intérim de Mukuka
3. Ghislain : l'avocat de l'école, frère jumeau à Justin
4. Peter Ohé : l'avocat redoutable de Martha
5. Cinq élèves de l'école : Victoire Mawazo, Musa Mathe, Oscar Muyisa, Annuarite Ngazi et Ketya Dada
6. Les 3 membres du jury
7. Yves : Le président de la cour
8. Esther : fille ainée de Martha
9. Nicole : 2e fille de Martha
10. Le Brigadier :

Scène 1

Journal info :

Ici, le journaliste parle seulement de la moitié ou mieux de la partie finale du journal.

Nancy :

… Comme dans notre flash info, tournons-nous vers les événements qui ont eu lieu il y a cinq jours. Ils concernent des actes de vandalisme qu'a subi madame Hélène a son « Ambassade ». A en croire à nos sources, ce sont les élèves du complexe scolaire Mukuka qui étaient à la base par prétexte d'y avoir aperçu Monsieur Justin Pendo, leur ancien directeur, alors qu'il a été incarcéré depuis une semaine pour dix ans de prison ferme. Ils soupçonnaient cette maman de complicité. Furieuse, madame Hélène a pris le courage de porter plainte au tribunal pour réclamer justice le lendemain de l'incident. Le ministère public a programmé l'audience pour aujourd'hui au tribunal des grandes instances à partir de 9h00, heure locale.

Nous avons sur ce plateau, le directeur à l'intérim de l'école qui va s'exprimer lui-même :

Emmanuel Babu :

Bonjour à tous et à toutes. Mon nom c'est Emmanuel Babu, le directeur de l'école primaire Mukuka.

Nous sommes sincèrement désolés des actes ignobles de nos élèves. C'est inadmissible. Le fait est là. Nous n'attendons que la décision du président de la cour. Nous ne savons à quel saint se vouer cette fois-ci.

J'invite tout le personnel de cette école, le comité des parents et les parents des élèves qui sont disponibles, la commission justice et paix, à venir prendre part à cette audience publique. Nous savons tous que l'actuel président de la cour ne badine pas. Il est jeune et petit de taille mais très tranchant. Que Dieu nous vienne en aide. Alors, bienvenue à tous. Merci.

Nancy :

Les autorités municipales invitent tout celui qui se sent intéressé à venir soutenir les concernées. D'ici là, chers téléspectateurs de la Radiotélévision « Raha » et portez-vous bien. A plus.

Fin du journal.

Scène 2

La salle pleine à craquer est en attente du président de la cour et de son cortège. A son entrée, toute l'assistance se lève. Exécution de l'hymne national.

Le président :

Bienvenue dans cette audience. Asseyez-vous.
Je demande au plaignant madame Martha et à l'accusé le directeur de l'école Mukuka, d'avancer à la barre.
Ils avancent tous, Martha avec son avocat. Celui de l'école est en retard.

Martha, prière de déposer ta main droite sur la bible et répète après moi : « Je jure devant Dieu et le peuple de dire la vérité, toute la vérité et rien que la vérité. »
Emmanuel *(est très agité et saisi de peur, parle avec une voix hésitante)*, prière de déposer ta main droite sur la bible et répète après moi : « Je jure devant Dieu et le peuple de dire la vérité, toute la vérité et rien que la vérité. »

Respire, monsieur Emmanuel. Où est ton avocat ?

Emmanuel :

Il va venir, votre honneur. Nous pouvons commencer…

Le président :

Tu es C'est qui ?

Emmanuel :

Me Richard.

Le président :

Garde ton calme, Emmanuel.

Martha, tu as la parole. Dis-nous pourquoi nous sommes là.

Martha :

Je réponds au nom de Martha Meni, habitant au quartier la Bourgeoisie, Ville A. Je suis célibataire, mère de six enfants. Ma carte d'identité est ID 005577. Je vis de la vente journalière de la bière chez moi. J'ai porté plainte contre l'école primaire Mukuka parce que ses élèves ont tout détruit et[2] brûlé chez moi, il y a cinq jours, sous prétexte que je garde leur ancien directeur chez moi alors qu'il est en prison. Je veux que justice soit faite et un dédommagement immédiat de 300.000.000 francs. Je dors désormais à la belle étoile depuis lors. C'est tout monsieur le président.

Le président :

Emmanuel, qu'en dis-tu ?

Emmanuel :

Je plaide non coupable.

Le président :

Explique-toi.

Emmanuel :

Le fait est vrai que la maison de Martha a été détruite par les élèves vêtus en modèle d'uniforme de l'école primaire Mukuka. Il reste à déterminer que réellement ils le sont. Nous en sauront plus à l'issu de cette audience. Raison pour laquelle je plaide non coupable.

J'ai prévu le registre des élèves régulièrement inscrit cette année dans notre école juste au cas où il s'avérera nécessaire.

Puis-je demander à votre honneur de nous présenter les présumés destructeurs que la police régulière avait arrêté et détenu lors de son enquête ?

Président :

Gardes, faites entrer les cinq présumés destructeurs de la maison de Martha.

Peter Ohé :

prends la parole

Je suis Peter Ohé, l'avocat de Martha.

Votre honneur, Martha ma cliente ici présente a subi des souffrances atroces :

- tortures morales et psychologiques dues aux intimidations et brutalités de ces assaillants ;
- faux témoignages sur sa personne : mauvaise réputation dont il faudra des années pour la rétablir ;
- pertes matérielles ;

- faillite de son activité commerciale, seule source de revenue de sa famille ;
- bref, c'est une personne morte en fait. Quoi de plus fort que de détruire son commerce et son domicile. La prochaine étape c'est l'élimination physique, je m'imagine.

Je compte sur votre humanisme, monsieur le président. Ces petits méritent une punition exemplaire, bande des criminels.

Président :

C'est vraiment dommage. Allons-y doucement.

Ai-je devant moi les élèves Victoire Mawazo, Musa Mathe, Oscar Muyisa, Annuarite Ngazi et Ketya Dada. *Chacun d'entre eux répond : Présent*

Peter, à vous la parole.

Peter Ohé :

Avez-vous vos cartes d'élèves ?

Musa Mathe :

Non. La police a ravi tous nos effets et d'autres sont perdus pendant la fuite.

Peter Ohé :

procède à un interrogatoire

Chers élèves, racontez-nous ce qui s'est passé.

Victoire :

Nous étions dans le quartier, revenant de l'école, en train de s'étonner voyant la maison brulée. Subitement, nous avons vu la police débarquée et nous avons fui. Elle nous a poursuivis et nous a attrapés. Elle nous a embarqués dans sa jeep jusqu'à son bureau. Elle nous a tabassé pour que nous acceptions par force d'avoir brulé cette maison.

Peter Ohé :

Qu'avez-vous dit aux policiers ?

Oscar :

Que nous sommes innocents. Vu la torture à laquelle nous étions soumis, nous avons été obligé d'accepter pourvu qu'on nous laisse tranquille.

Peter :

Le criminel est toujours au lieu du crime. Même le voleur qui est attrapé à flagrant délit, clame tout haut son innocence. Vous répondrez de vos actes, chers enfants. C'est tout votre honneur.

Président :

Je suis quand-même tenté de savoir les détails. C'est encore flou.

Ghislain :

Lève la main et demande la parole. Le président la lui accorde. Il avance à la barre,

Merci Monsieur le Président. Je souhaite m'occuper de la défense de la partie accusée.

Président :

Qui es-tu ?

Ghislain :

Toutes mes excuses. Mon nom c'est Ghislain Mapendo, le frère jumeau de Justin Pendo, l'ancien directeur titulaire du complexe scolaire Mukuka. Je suis inscrit à l'ordre des avocats depuis trois ans et demi. Mon identifiant est AA0130GHMA. Vous pouvez le vérifier. Voici ma carte d'identité.

J'ai été contraint de disparaitre depuis trois ans déjà après la déclaration de la mort de Monsieur Jacques AMZA, le mari de madame Florence SIFA du quartier des Immaculés, ville A. Nous en reviendrons si vous me le permettez, votre honneur.

Président :

Qu'en dis-tu Emmanuel ?

Emmanuel :

Bien que je ne le connaisse pas, je me fie à mon instinct. Suis d'accord. Merci d'avance.

Ghislain :

Merci. Tu ne vas pas le regretter.

S'adressant au président : Autorisez-moi, votre honneur

Président :

Vas-y

Ghislain :

Merci, votre honneur.

Madame Martha, l'incendie a eu lieu à quelle heure précisément ?

Martha :

A partir de 9h.

Me Ghislain :

Où étais-tu exactement ?

Martha :

A l'intérieur, au salon avec des clients.

Me Ghislain :

Combien de clients ?

Martha :

Cinq, un papa, une fille et trois garçons

Me Ghislain :

De quel âge ?

Martha :

Le papa a une cinquantaine et les jeunes pas plus de trente ans.

Peter Ohé :

Harcèlement

Président :

Objection rejetée. Poursuis.

Me Ghislain :

Merci votre honneur. Sont-ils tous venus ce matin ?

Martha :

Je ne sais pas. Le papa, c'est l'oncle de mes enfants…

Me Ghislain :

L'oncle de tes enfants … Ok. Ta maison brulée de quoi était-elle construite ?

Martha :

En pisées. Mais, deux compartiments distincts. Mon habitation et ma maison de commerce.

Ghislain :

Ok, merci.

Il se tourne vers les élèves.

Alors, chers présumés élèves, ne me dites pas que vous étiez au mauvais endroit au mauvais moment déjà aux environs de 9h du matin.

Oscar :

Moi c'est Oscar. C'est pitoyable monsieur. Juste une mauvaise coïncidence. Nous avons été chassés de l'école faute de paiement des frais scolaires.

Me Ghislain :

Vraiment. Oscar, connais-tu tes compagnons ?

Oscar :

Pas tous. Je connais Victoire Mawazo et Musa Mathe ; nous étudions tous trois au complexe scolaire Mukuka. D'ailleurs, nous habitons presque le même quartier. Quant aux deux autres là, je les vois parfois roder autour de notre école.

Musa Mathe :

Je connais de figure Ketya Dada. Elle étudiait à notre école l'année passée. Elle a été renvoyée par le directeur pour sa mauvaise conduite. Je ne sais pas vraiment où elle étudie actuellement. Quant à l'autre, aucune idée.

Victoire :

Une chose que je déplore c'est la brutalité et les comportements inhumains de nos agents de la police. Je crois que la hiérarchie devra revoir ses méthodes d'appréhension de ses suspects. Depuis notre enfance, les parents et nos enseignants ne cessent de clamer haut que si jamais on se trouve en difficulté, la solution est de recourir à la police. Mais, ils nous ont mentis sur toute la ligne. Outre la violence, tous puaient de l'alcool en pleine matinée… Je ne sais pas qui et par quel moyen pourrais-je encore être convaincu qu'ils sont les personnes de confiance. Je me demande quel genre d'éducation ils donnent à leurs enfants … C'est vraiment un sale travail. Je suis déçu.

Oscar :

Je me demande même s'ils se sont rendu compte que nous n'avions pas le même modèle d'uniforme quand ils nous ont capturés. Où est parti leur sens d'analyse… c'est pitoyable.

Me Ghislain :

En consultant le registre scolaire des élèves réguliers pour cette année, document que j'ai sous mes yeux, je constate que seuls trois de ces petits y sont repris à savoir : Oscar Muyisa inscrit en septième année A, Victoire Mawazo inscrit en sixième année B et Musa Mathe inscrit en sixième année A.

Les deux autres se font passer faussement de cette école.

Ketya Dada :

lève la main pour demander la parole

Je suis Ketya Dada, élève a l'institut Mapendo, en quatrième année A, option Secrétariat et Gestion administrative et commerciale. J'ai été renvoyée du Complexe scolaire Mukuka depuis l'année antérieure pour avoir été surprise, par le directeur de discipline, en flagrant délit au salon de Madame Marthe en train de s'embrasser avec le directeur Justin Pendo pendant les heures de cours. J'avais été dupée par le directeur qui m'avait promis de régulariser ma dette des frais scolaires jusqu'à la fin de l'année une fois l'acte sexuel consommé car sa femme était en voyage. Malheureusement les choses avaient mal tourné pour moi. J'ai été victime. Rien a été fait pour le célèbre directeur. Tout a été camouflé.

Me Ghislain

Alors que faisais-tu aux alentours de l'habitation de madame Marthe a 9h00 au lieu d'être a l'école suivre cours.

Ketya Dada

Une bonne question. Je suis orpheline de mère depuis une année. Je ne connais pas mon père. Je n'ai ni frère ni sœur. Je me débrouille toute seule. Ma mère vivait seule. Après sa mort, toute sa famille m'a abandonnée malgré mes efforts d'essayer de s'accrocher. Elle m'a même demandé de changer mon nom Fataki, quitter le nom de leur famille comme j'étais un enfant batare. C'est ce que j'ai fait pour éviter des problèmes.

Nous avions un deal avec madame Martha. Je lui cherche des belles filles dans mon quartier pour travailler dans son business. J'avais déjà pris rendez-vous avec une copine pour que je la présente a madame Martha afin de trouver de quoi payer mes frais scolaires. D'ailleurs je m'étais déjà fait renvoyer ce matin pour retard de paiement de la totalité de minerval. Mon petit commerce de vente des beignets et de grillage des maïs le soir c'est juste pour ma survie et le loyer. J'essaie de garder ma dignité. De temps a temps, Annuarite me vient en aide. C'est ma seule amie.

Annuarite

Moi, je suis la copine de Ketya. Je suis en quatrième année en agronomie, chimie industrielle a l'institut Mapendo. Je suis venue du village depuis l'année antérieure pour étudier ici. Mes parents subvenaient à distance à mes besoins jusque fin année passée. J'habitais chez ma tante Marthe. Elle est une cousine lointaine de mon père. J'ai dû quitter son toit contre le gré des parents vu le mode de vie auquel je ne me suis pas adapté et une sorte de concurrence entre nous les enfants dans la parcelle. Outre le détournement de mes frais scolaires reçus de mon père, il y a des histoires louches que je soupçonnais pour lesquelles il me fut difficile de supporter. Et c'est là que nous nous sommes rencontrées avec ma copine Ketya et décider de chercher notre propre appartement. Actuellement, nous nous entraidons dans le petit commerce des produits de première nécessité exposés devant notre appartement dans un petit kiosque. C'est dur mais cela assure notre survie tant soit peu.

Me Ghislain :

C'est cette colère qui vous a donc pousser a bruler la maison de Marthe, je vois.

Annuarite :

Je n'ai peut-être pas été précise. Je n'ai aucune rancune contre elle, franchement. J'avais seulement besoin de vivre en paix dans un environnement sain et calme me permettant de me concentrer aux études. C'est tout. Je m'en fous de son opinion à ce sujet. Je ne veux pas décevoir mes parents.

Me Ghislain :

Que faisais-tu aux environs du domicile de Martha au lieu d'être à l'école à 9h du matin.

Annuarite :

Je me suis réveillé avec les maux de tête. J'ai pris les médicaments. Comme j'avais de la vertige, j'ai décidé de me reposer un peu à la maison. J'ai envoyé ma copine informer le directeur de discipline de la cause de mon absence. Renvoyée de l'école, ma copine m'a supplié de l'accompagner chez ma tante puis faire des courses d'achats de nos produits marchandises pour notre petit commerce.

A dire vrai, ma tante a des pratiques pas correctes. Elle doit avoir offensé beaucoup d'autres personnes avec ses opérations obscures. Elle distrait l'opinion par la vente de la bière et grillage. Ces élèves sont innocents, je suis certaine.

Me Ghislain :

Mais tu n'as aucune preuve pour tes soupçons sur ses mauvaises pratiques ?

Annuarite :

Non.

Me Ghislain :

C'est tout pour le moment, votre honneur.

Président :

Quelque chose à dire Peter ?

Peter Ohe :

Qu'il plaise a votre honneur ainsi qu'à tous les membres de la cour ici présente d'inviter les quatre personnes qui étaient au lieu de l'incident avec madame Marthe pendant l'incendie.

Président :

D'accord. Qu'ils avancent ces témoins.

Petits, reprenez vos places. Ils regagnent leurs places

Annuarite :

S'il vous plait, votre honneur. Je crois avoir une preuve de mes allégations.

Président :

Vas-y.

Annuarite :

Un jour, Esther, la fille aînée de ma tante Martha, est venu me rendre visite. Elle m'a raconté des choses bizarres. Je préfère que vous interrogiez plutôt Nicole, sa servante qui est ici présente.

Peter :

Objection, monsieur le Président.

Président :

Objection rejeté.

Nicole, vient à la barre.

Nicole :

Je jure de dire la vérité, toute la vérité et rien que la vérité.

Je remercie Dieu pour m'avoir en fin donné cette occasion de parler.

Je m'appelle Nicole Bira. Je suis servante de madame Martha depuis trois ans.

Je la connais bien. J'ai tant de chose a dire. Tenez bien.

Cette femme que vous avez devant vous, votre honneur, n'est pas du tout innocente. Pourquoi ?

Premièrement, elle m'a menti et m'a exploité suffisamment. Ma mère est morte il y a quatre an. Je n'ai pas pu supporter d'habiter avec mon oncle maternel dans notre village natal. Alors un jour, comme ça ne marchait pas entre moi et la femme de mon oncle, cet oncle se décida de me révéler que je suis un des enfants du maire actuel de cette ville. Il m'encouragea de venir vers lui pour qu'il me prenne en charge. Le lendemain matin, j'ai pris la route pour cette ville jusqu'à la mairie. Très salle et mal habillé, le maire a décidé d'envoyer ses policiers venir m'installer momentanément chez madame Martha en attendant qu'il finisse son travail. Elle m'a donné de la nourriture et une petite chambre pour me reposer. Le soir, vers dix-huit heures le maire de ville se pointe a la buvette et fit appel a moi. Nous avons échangé pendant plus d'une heure. il a demandé a Martha de m'héberger cette nuit en attendant qu'il aménage de la place chez lui. En réalité, il ne voulait pas que sa famille le sache. Le lendemain, après avoir secrètement arrangé avec madame Martha, il me supplia de rester et de révéler a personne qu'il était mon père biologique. Il me promit une prise en charge totale et l'inscription en troisième secondaire. Ce qu'il fut pendant les six premiers mois. Je dormais dans la même chambre que Annuarite. Le comportement de ses propres enfants ne me plut pas. J'ai enduré. L'oncle venait me rendre visite parfois mais ignorait beaucoup de vérités sur moi.

Lorsque Annuarite quittait la maison, je sentis en réalité la solitude. La vie devint amère. J'étais traitée comme une esclave de la parcelle. Je n'eus aucun mot à dire à qui que ce soit de la parcelle. Et quand je voulais m'approcher de mon père, madame Martha m'en empêchait. Un jour avec un sourire jaune, expulsée de l'école par faute de minerval, Martha me proposa un deal pour me consoler : celui de servir ses clients après les cours et me considérer comme serveuse officiellement. J'acceptai. Je n'avais pas d'autre choix. Elle honora ses trois premiers mois. Elle m'apprit les techniques d'attirer la clientèle. Jamais ses propres enfants le faisaient. Depuis, ce ne fut que du mensonge et d'ailleurs j'arrêtai les études par manque de fonds en plein milieu de ma quatrième année. Elle me demandait de servir les invités VIP du restaurant – bar, parfois de préparer des chambres pour certains. Peu a peu, elle me convainquais de servir les clients jusqu'à coucher avec eux dans les chambres. Au début c'était difficile mais j'ai fini par m'y habituer jour et nuit. Je couchais généralement avec au moins une personne la journée et une autre la nuit. Ce qui m'énervera c'est le fait que papa envoyait de l'argent, mais elle les détournait en lui faisant croire que je continue mes études normalement. Ensuite, je couchais avec les hommes sans être payé alors qu'elle percevait de l'argent pour ce service supplémentaire.

Deuxièmement, cette femme ne fait pas seulement la vente de la bière. Elle est au centre de beaucoup de louches opérations de la ville : elle a droit à dix pourcent sur les opérations monté chez elle. Elle en sait trop. Son bistro est un lieu protégé des bandes des suspects mélangés des agents de l'ordre de cette ville. Malheureusement, elle se fait passer pour une chrétienne de premier ordre et grand bailleur de l'église… Je me demande comment les soit disant serviteurs de Dieu qui la fréquentent ne l'aient jamais découvert ou alors ils s'en moquent. Je connais la vérité sur certaines dossiers sensibles de cette ville pourtant étouffés. J'ai été driblée plusieurs fois, et du coup j'ai eu le reflex d'enregistrer toutes nos conversations avec mes clients avant de coucher pour avoir un moyen de pression sur eux. Pour preuve, le cambriolage de chez le maire de la ville il y a deux mois est bel et bien l'orchestration de la police elle-même, j'ai l'enregistrement ici ; la mort du président de la Fédération des Entreprises de cette ville, ce sont les services de renseignement de cette ville qui en sont commanditaire pour avoir fourré son nez dans les affaires qui ne le concernait pas du tout ; la disparition du célèbre pasteur Alphonse il y a déjà une année, c'est le montage d'une poigné de ses fidèles en collaboration avec les services de sécurité pour ses propos lors de sa dernière campagne d'évangélisation au stade de football de la ville ;... J'ai tous ces enregistrements. Et tous ces dossiers sont déclassés avec des innocents qui purgent la peine en prison. Heureusement que je suis quand même parvenu a me procurer une maison en dur dans cette ville avec ce sale travail que j'ai arrêté il y a trois mois.

Troisièmement, la mère qui est morte n'est pas ma mère biologique. Elle m'a sauvée et pris en charge alors que cette femme m'avait jeté dans son baignoire craignant les représailles de ses parents et ayant échoué a plusieurs tentatives de m'éliminer pendant sa grossesse tel que le souhaitait son auteur. L'infirmer que Helene consultait m'a tout dit une semaine avant sa mort il y a trois mois. J'ai la fiche de déclaration de naissance délivré a la maternité où je suis née. C'est madame Martha ma vraie mère. Je l'ai découvert grâce aux révélation d'un de mes clients. Monsieur le maire et madame Martha le savent tous. Ils me le cachaient tout simplement. Cela explique pourquoi elle avait facilement accepter de m'héberger chez elle. Malheureusement, madame Helene est suffisamment impliquée dans le meurtre de ce pauvre infirmier. Quel criminel ? J'ai l'enregistrement du complot.

Quatrièmement, le célèbre « Ambassade » est l'endroit où soixante-quinze pourcent des cambriolages, vols, meurtres, kidnapping et autres sales besognes dans la ville sont planifiés. Et les butins y sont partagés. Elle a une chambre ou elle cache des armes. Vous vous rendrez compte que le couvre-feu se fait sur toute la ville, quartier par quartier, mais jamais sa parcelle est concerné par ce que la plupart des autorités municipales locales sont plongé dans ces crimes. Ils savent bien tout ce qui se passe. c'est pourquoi, on appelle ce bistro « Ambassade », un lieu de refuge des criminels les plus recherchés de la ville. C'est un terrain neutre, où on est en sécurité quel que soit le crime commis.

Monsieur le Président, comment peut-on restreindre ses ennemis seulement aux petits élèves innocents ? Quant a moi, je l'ai déjà pardonnée bien que je ne sois pas prête a l'accueillir chez moi. C'est tout votre honneur.

Président :

Remet moi tous les enregistrements et autres preuves que tu possèdes pour des raisons d'enquête.

Annuarite remet toutes les cartes mémoires et autres supports à sa procession.

Esther, as-tu quelque chose à dire ?

Esther :

Oui, votre honneur. Notre mère est une monstre. Je ne sais pas ce qui la prend. Primo. Elle est cupide. Nous sommes quatre filles et deux garçons, sans compter Nicole, évidemment. Chaque enfant avec son père biologique. Nous avons tous grandi dans cet environnement des soulards, bandits,... Un désordre total. C'est la jungle a l'instar de Sodome et Gomorrhe. Personne ne s'intéresse aux difficultés de l'autre. Nous vivons un autre monde dans cette Ambassade. Nous ne servons jamais de la boisson, nous sommes utiles dans les chambres : des putes. Chacun doit satisfaire au moins un client par jour pour avoir droit a trente pourcent de la facture du service rendu. Nous avons tous couches avec nos pères biologiques à tour de rôle sans se gêner et nous les avons interchangés entre nous toutes. Ca nous faisait plaisir pendant un moment surtout à cause des encouragement de notre mère.

Secundo. Pendant plusieurs années, nous avons servi d'espions ou tendu proprement des pièges aux autorités de la ville dans leurs fonctions, chaque qu'il fallait s'en débarrasser. Ces missions, souvent de courtes durées, nous rapportaient énormément des fonds. Je vous épargne les détails.

Tertio. Son ingérence dans les histoires des amitiés de ses propres filles avec leurs prétendants. De ma part, j'avais eu la chance de tomber sur un mec très sérieux mais qui a fini par tomber dans le panneau de ma mère et de ma sœur cadette à ma présence. Scenario mis en place par ma mère pour me punir. Elle en a fait autant pour ma petite sœur Odette aussi. Ca nous a beaucoup blessé toutes deux. Nous avons décidé de nous payer une parcelle avec nos économie de six mois. Nous l'avons morcelée, vendue ensuite trois mois après un peu plus cher et chacune de nous est allée acheter la sienne a son gout. Ca nous a donné de l'indépendance. Actuellement chacun se débrouille de sa manière mais nous avons abandonné ces pratiques surtout que personnes d'entre nous n'est atteintes du sida et aucun avortement. Nous avons récupérer nos jeunes frères chez nous. Nous les entrainons au commerce des produits alimentaires importés.

Quarto. Ressent assassinat, le même jour, de nos deux nouveaux amants par notre mère en colère car nous l'avons abandonnées, nous a-t-elle dit de sa propre bouche pendant les cérémonies de deuils. Elle est même arrivée a cherché en vain à corrompre l'actuel notaire de la ville pour tenter de pirater les documents de nos deux parcelles. Elle est sadique.

Quinto. Complot contre le maire de la ville

Il y a trois semaines que ma petite sœur Odette est arrivée dans mon alimentation. Mon petit frère était sorti pour des courses en ville. Elle m'a raconté une histoire désolante. Le plan d'élimination du maire de la ville et la prise de contrôle de tous les services publics afin d'imposer une nouvelle taxe dont les quarante pourcent reviendront à l' « Ambassade ». Nous nous sommes concertées pour faire échec a cette opération et déjouer le plan. Nous avons envoyé trois fois sa fille au bureau de la mairie pour qu'elle l'avertisse, mais le maire ne voulais pas la recevoir. Nous avons changée de méthode et envoyer en trois messages anonymes au maire de la ville sur la menace qui pèse sur lui. Chaque jour l'équipe de ma mère peaufinait ses stratégies pour arriver a leur objectif. Nous avons réussi a déjouer trois fois ce meurtre. La première fois c'était au bureau du maire de la ville en créant une diversion qui l'empêcha d'arriver à son bureau toute la journée. La deuxième fois, nous l'avions empêcher de rouler à bord de son véhicule de fonction qui devrait exploser juste devant la porte de la mairie car le chauffeur était mouillé. La troisième fois en créant une bagarre entre ses gardes dans sa parcelle et la maladie de son épouse qu'il n'a pas su l'abandonner. Il a renvoyer toute l'équipe et a réquisitionner une nouvelle équipe qui ne savait rien du tout.

Le jour de l'incendie était le dernier jour de ce complot. Il devait mourir coute que coute. Il avait déjà reçu une invitation pour se rendre a l'Ambassade. Une équipe de quatre criminel était à pieds d'œuvre. Le père d'Odette était aussi visé. Selon plan comme le maire est de foi catholique, l'évêque devait venir dire la messe de requiem, occasion pour cette bande des criminels de l'éliminer aussi. Toutes les armes étaient dans la maison de ma mère. Il fallait agir seuls car personne ne nous croirait. Nous avons ainsi engagé deux petits voyous ce matin pour aller provoquer l'incendie pendant cette journée avant que le mal ne soit consommé. Il fallait bruler complètement toute la maison et tout ce qui y est. Ce qui a été fait.

Ces deux garçons sont innocents, ils ne savent rien du tout. Ils avaient juste besoin de quelques bouteilles de bière avant qu'ils ne regagnent leurs villages.

Ma mère doit payer pour ses actes. Au nom de ses enfants, elle n'a droit a aucune indemnité car nous avons des enregistrements assez consistants pour soutenir tout ce que je viens de vous raconter.
C'est tout mon président.

Président :
Tout ce que tu racontes c'est étrange, en effet. Donne les enregistrements dont tu parles.
Esther les lui remet et reprend sa place dans le public.

Me Ghislain :
J'ai une autre révélation dont je suis témoin oculaire. En réalité, le père de la petite Odilie, le mari de Madame Florence est toujours vivant. Si vous vous rappelez bien, certain ont dit que les élèves étaient en colère contre leur directeur qu'ils ont aperçu dans la parcelle de Martha alors qu'il est censé être en prison. Eh bien, c'était moi, son frère jumeau qu'il croyait mort aussi.
C'était le plan de cette femme Martha avec sa bande des criminels. J'ai tous les noms des complices de cette machination selon les révélations du dernier survivant de ce massacre du village du mari de Florence il y a de cela trois ans. Bientôt il sera parmi nous.
Pour une petite histoire, ce massacre a eu lieu alors que nous avions déjà parti rendre visite à mes grands parents dans le village voisin. Un messager était venu nous informé que tout le monde est mort et ces criminels nous cherchaient parmi les cadavres. Par chance, nous avons rencontré au chemin du retour un des officier de cette bande des criminels très blessés qui criait au secours. Il a été obligé de nous raconter tout espérant recevoir de l'aide de notre part. il nous

a conseillé de nous cacher pendant au moins trois ans car elle nous croit morts. Tout simplement parce que nous avons fouiner nos nez dans la gestion de l'école primaire Mukuka pendant notre mandat à la tête du comité des parents cette école.

Avant de mourir, cet officier a affirmé que madame Martha a une grenouille dans sa chambre dans une marmite à terre cuite. Il a consulté le plus grand féticheur de la contré qui lui a confiée cette grenouille pour une durée de cinq ans qui expire cette année. Cette grenouille lui confère le pouvoir d'hypnotiser et maitre tout le monde sous son emprise. Surtout les dirigeants de la ville : maire de la ville, commandant la police, armée, … Elle devait sacrifier au moins une personne de son choix par an pendant cinq ans pour affermir son pouvoir. Je m'imagine que cette fameuse grenouille est morte dans cet incendie.

Les enregistrements sont sur ce support, votre honneur.

Président :

Prenons une pause de quinze minutes, le temps pour le jury de délibérer et décider du sort des accusés.

Scène 2

Le retour dans la salle du président et ses collègues

Brigadier :

Prière de vous lever tous pour accueillir le président de la cour .

Tous se lèvent puis s'assoient

Le président :

Nul n'ignore que notre richesse c'est la dignité, l'unité et l'intégrité. Ainsi, nous sommes tous tenus à les préserver. Personne ne pourra nous les arracher de force ou de gré. Nous devons le perpétrer de génération à générations. Vous êtes tous d'accord avec moi.

Compte tenu des faits reportés, nous décidons ce qui suit :

Madame Martha

Vu les charges qui pèsent sur toi, décidons

- Saisie de votre parcelle en attendant l'exploitation preuves de toutes les charges qui pèsent sur toi.
- Tu vas purger la peine de vingt ans de prison ferme à partir de maintenant pour tuerie, complots d'insurrection, sabotage de la vie des mineures,… et dix ans des travaux forcés.
- Une amende de six cent mille francs à verser au compte de Mademoiselle Annuarite pour l'avoir utilisée dans tes mauvaises pratiques afin d'arriver à tes fins

Le Complexe scolaire Mukuka est jugée non coupable.

La séance est levée. Je vous remercie tous de votre participation active.

Tout le monde sort de la salle.

Scène 3

L'information à la télévision.

Journal info :

Nancy :

Bonsoir chers téléspectateurs de la Radiotélévision « Raha ». Le journal de ce soir se focalise sur le procès sur l'incendie du célèbre « Ambassade » de madame Martha contre le complexe scolaire Mukuka qui a eu lieu au tribunal des grandes instances de 9h00 à 11h00. Madame Martha a été condamnée à vingt ans de prison ferme et le complexe scolaire a été acquittée. Les autorités municipales remercient tous celui qui a pris part à cette audience. Les élèves en détention par la police ont été mis en liberté.

Ecoutons les quelques reportages recueillis juste après le procès.

Emmanuel :

Je rends grâce à Dieu pour la justice faite. Il ne dort pas. Il écoute les cris des opprimées.

Oscar :

Je suis content parce que nous allons réintégrer l'école. Merci Seigneur.

Martha :

Je regrette sincèrement ce que j'ai fait. J'espère que Dieu me le pardonnera un jour. Je suis sincèrement désolé.

Ainsi prend fin notre journal vespéral. Rendez-vous demain matin. C'était votre serviteur Nancy et DJ derrière les manettes techniques. D'ici-là, portez-vous bien. A plus.

Fin épisode II

Conclusion

Ces deux épisodes montrent la fin misérable de ceux qui souhaite le mal aux autres.

Odilie a été sauvée grâce à la justice équitable rendue par le président de la cour. Son innocence et son intégrité ont triomphé : le prix de la foi en Dieu. Sa famille a retrouvé sa dignité. Le célèbre Justin en a eu pour son compte.

Martha a abusé du privilège et des faveurs lui offertes par les autorités locales pour son entreprise « Ambassade ». Sa cupidité et son désir de domination lui a valu la perte de son business, le rejet de ses propres enfants et la peine de vingt ans en prison.

Yves, Le Président, vient remettre de l'ordre dans la justice et le respect de la dignité humaine dans sa municipalité. La population est satisfaite de résultats de ses deux premières prestations.

Le reste des exploits de son parcours professionnel est dans les épisodes suivants.

Dieu nous donne sa part du pouvoir afin de s'en servir pour le bienêtre de tous. N'en a busons pas. Construisons la paix, le bonheur, l'amour, l'unité et la justice autour de nous autant que possible.

Je vous remercie.

Yves, Le Président

Publication antérieure

Une vie pleine des péripéties et des grâces, Editions Muses, 2019 ; 156 pages.

Résumé du livre

Dans ce livre intitulé « une vie pleine des péripéties et de grâce », je raconte quelques épisodes marquants de ma vie depuis ma naissance jusqu'à mes trente septième années sur terre. C'est mon expérience personnelle pure et simple : un témoignage vivant.

Loin d'être des fictions ou des imaginations, il s'agit des événements et des histoires réellement vécus parfois frustrants et inoubliables tels qu'une vie de fils maladif ; mes études ; la gestion de mes talents artistiques face aux sollicitations familiales, exigeant de l'argent et du temps ; ma résistance à la tentation de se révolter contre la nature face à la calomnie des intimes ; mes fiançailles et mes premières années de mariage ; ma position face aux défis d'un milieu de vie tout nouveau … Je détaille, en fait, les situations de vie affective et spirituelle au sein de ma famille, la débrouillardise et les surprises vécues (positives et négatives). Une véritable intervention divine.

Je veux montrer qu'on peut viser la droiture des sévices endurés innocemment, pour la plupart de cas…Tant qu'on a le souffle de vie, il y a lieu de profiter au maximum et d'attirer d'autres vers une étoile qui nous invite à marcher malgré la nuit.

Contenu

Printed by Books on Demand GmbH, Norderstedt / Germany